LEA AUBERT

HOROSKOP
DER LIEBE

STERNZEICHEN

KREBS

Ausgabe 2014
Umschlaggestaltung: Allen Lee
Titelabbildungen: aus Bildern von dreamstime.com
Herstellung und Verlag: Books on Demand GmbH, Norderstedt
Printed in Germany

ISBN 9783839121566

Inhalt

Das Sternbild des Krebses

Cancer

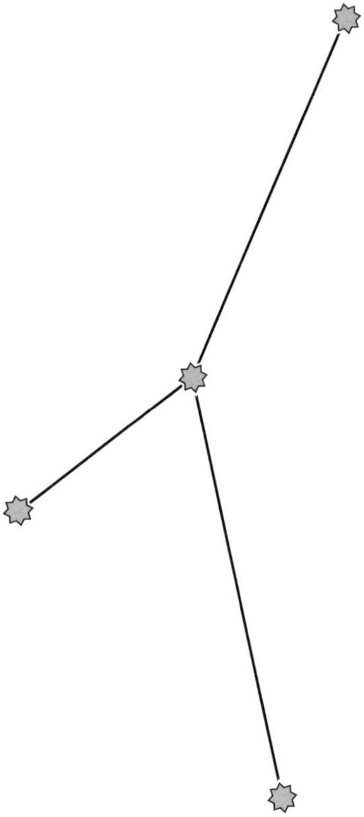

Die Sage des Krebses

Das Sternbild des Krebses wird mit den Sagen des Herakles in Verbindung gebracht. Als der Held mit der vierköpfigen Hydra – einem schrecklichen Untier – kämpfte und dieses fast besiegt hatte, tauchte aus dem schaurigen Sumpf ein riesiger Krebs auf. Er wurde als Unterstützung für Hydra von Hera, der Gattin des Zeus, gesandt und griff Herakles an. Ihm gelang es aber, den Krebs zu tötet. Zum Dank für seinen Kampf wurde der Krebs an den Himmel versetzt. Hera versuchte nämlich Herakles zu töten, da dieser ein unehelicher Sohn des Zeus war. Der untreue Göttervater hatte ihn mit der schönen Alkmene gezeugt, indem er die Gestalt ihres Ehemannes angenommen hatte.

Am nächtlichen Sternenhimmel sind auch die Hydra und der Kämpfer Herakles verewigt.

Eine weitere Sage berichtet davon, dass Zeus einen Krebs gesandt habe, um eine Nymphe, die ihm gefiel, an der Flucht vor dem Göttervater zu hindern. Dem Krebs gelang es, das zauberhafte Wesen zurückzuhalten. Zur Belohnung setzte er ihn an den Sternenhimmel.

Die Krebs-Frau

Die Krebs-Frau ist eine ehrliche Person. Ihre Freunde mögen sie gerade deshalb, weil man ihr Geheimnisse und intime Details anvertrauen kann, ohne sie gleich aus dem Munde Dritter zu erfahren. Sie kann wirklich etwas für sich behalten. Deshalb ist sie auch beruflich eine ideale Vertrauensperson, bei der Geheimhaltung an erster Stelle steht.

Ihr innerstes Ziel ist das Gründen einer Familie. Sie sucht nach einem Heim und wünscht sich Kinder, die sie umsorgen kann. Hat sie es gefunden, ist sie meist eine wunderbare Managerin der täglichen Angelegenheiten. Dabei kann sie sich wie ein Kalender alle Termine merken und organisiert den Tagesablauf wie ein Profi.

Einige Männer empfinden ihre Art als Umklammerung. Denn hat sie sich einmal richtig verliebt, würde sie alles für ihren Mann aufgeben, nur um ihm immer ganz nah zu sein. Dieser Wunsch nach Nähe wird von einigen Männern skeptisch aufgenommen. Sie fühlen sich zu beobachtet und zu eingeengt. Lässt sie ihrem Partner mehr Freiraum und ihn auch einmal etwas mit seinen Freunden unternehmen, wird diese Entscheidung der Beziehung auf jeden Fall gut tun.

Sexuelle Abenteuer, die nur dazu dienen, Befriedigung zu erlangen, liegen ihr meist überhaupt nicht. Sie hält nichts davon, mit einem Mann zu schlafen, den sie noch nicht richtig kennt. Wenn die Umstände es erlauben, wird sie immer nach geistiger und körperlicher Einheit streben. Das körperliche Verlangen stellt sie dabei sogar hinten an. Dabei geht sie taktisch klug vor und sucht sich ihren Partner mit gutem Gespür aus. Das ist wohl mit ein Grund dafür, dass sie eines der wenigen Exemplare ist, die im Vergleich zu ihren Freundinnen relativ wenige partnerschaftliche Zerwürfnisse erleiden muss.

Natürlich ist die Krebs-Frau keinesfalls vor Niederlagen und

Enttäuschungen gefeit. Hört sie, dass hinter ihrem Rücken über sie geredet wird, ist sie imstande so zornig zu werden, dass sie entweder Rache nehmen kann oder den Entschluss fasst, sich aus diesem Freundeskreis zurückzuziehen und sich einem anderen zuzuwenden.

In ihrer Familie wird sie als gute Köchin geschätzt. Sie hat ein sensibles kulinarisches Gefühl und kombiniert extravagante Gerichte, die ihre Gäste immer wieder begeistern. Auch die bodenständige Küche kann sie so gut zubereiten, dass sie Lobeshymnen dafür erntet.

Lernt man eine Krebs-Frau kennen, wird man überrascht sein, wie lieb und scheu sie anfangs agiert. Sie zeigt sich verletzlich und schüchtern. Dabei testet sie intuitiv, ob sie von ihrem Liebhaber ausgenutzt wird. Denn ein Verehrer, der nur auf Sex mit ihr aus ist, wird schneller abserviert, als er denkt.

Die Krebs-Frau verfügt über eine gute Menschenkenntnis und bemerkt Missstimmungen innerhalb der Familie oder dem Freundeskreis sehr schnell. Aufgrund ihres diskreten Verhaltens wird sie dann oft als Vermittlerin in Anspruch genommen und kann mit ihrem diplomatischen Geschick viele Situationen wieder ins Lot bringen.

In längeren Beziehungen und lange andauernden Ehen laufen Krebs-Frauen Gefahr, etwas unterzugehen. Sie sorgen instinktiv für alle anderen und achten zu wenig auf sich selbst. Sie sollten sich deshalb ab und zu fragen, ob sie mit ihrer Situation glücklich sind. Nicht jeder Mann weiß ihren Einsatz zu würdigen und schätzt ihre Arbeit als gleichwertig. Auch ihre Kinder sollten sich einmal überlegen, ob sie noch im Erwachsenenalter die tägliche Hilfe der Mutter benötigen. Nicht selten waschen Krebsfrauen sogar noch während des Studiums der Kinder ihre Kleidung.

Die Krebs-Frau heiratet gerne ganz in weiß und sehr romantisch. Unendlich viele Rosen sind genau ihr Ding. Dazu die richtige Musik und die Hochzeit verläuft wie im Traum. Sie ist in man-

cher Hinsicht wirklich Sinnbild einer Braut in Weiß. Da sie religiösen Werten nicht abgeneigt ist, wirkt ihr Erscheinungsbild nicht aufgesetzt. Eine kirchliche Heirat ist dann wirklich ernst gemeint. Und sie kann sehr böse werden, wenn sich darüber jemand lustig macht.

Wenn sie verliebt ist, schreibt sie gerne Liebesbriefe und liest diese genauso gerne. Oft entwickeln sich lang anhaltende Beziehungen erst auf diese Art. Denn hier kann sie ausdrücken, was ihr wirklich auf dem Herzen liegt. Findet sie einen Partner, der auf der gleichen Wellenlänge ist, fühlt sie den glücklichsten Moment ihres Lebens.

Geld ist der Krebs-Frau nicht allzu wichtig. Im Job gibt sie sich lieber mit schlechter bezahlten, dafür aber interessanteren Stellungen zufrieden. Sie setzt ihren Partner nicht unter Leistungsdruck und bringt oft zum Ausdruck, dass Geld nicht alles im Leben ist. Als familienverbundener Mensch hatte sie schon sehr oft Gelegenheit, zu erkennen, dass es im Leben auf wichtigere Dinge ankommt. Je nach den Lebensumständen kann sie sparsam sein oder sich auch einmal etwas gönnen. Zu Luxus und Extravaganz neigt sie kaum.

Erotische Vorlieben der Krebs-Frau

Die Krebs-Frau lebt meist mit dem traditionellen Wunsch, beim Flirten von einem Verehrer angesprochen zu werden. Selten wird sie es sein, die die Initiative zum ersten Gespräch ergreift. Diese Eigenschaft mag sie prüde oder schüchtern erscheinen lassen. Auf der anderen Seite fordert sie aber den Einfallsreichtum der Männer heraus, die es wirklich ernst mit ihr meinen.

Sie ist keine Frau für eine Nacht. Dafür ist ihr Wille zur Beständigkeit zu sehr ausgeprägt. Auch ein Spiel auf Kosten des Mannes liegt ihr nicht, da sie nicht ertragen kann, wenn jemand aufgrund ihres Verhaltens leidet. Deshalb wird sie immer schnell für klare Verhältnisse sorgen und einen Mann nicht lange im Ungewissen lassen.

Kommt es zum ersten Sex, ist es meist auch hier der Mann, der die Sache in die Hand nehmen muss. Die Krebs-Frau sieht dann schnell, ob er in die engere Wahl kommt. Sie möchte nicht, dass er nur etwas tut, um ihr damit zu gefallen. Sie will, dass er es ernst meint und echte Gefühle zeigt.

Komplimente gefallen ihr. Denn sie wählt für eine gemeinsame Nacht sorgsam aus ihrem Kleiderschrank aus. Im Schlafzimmer sollte das angenehmste Licht herrschen, das es ihr ermöglicht, sich von ihrer lieblichsten Seite zu zeigen. Einige Männer werden überrascht sein, mit welchen Schätzen sie unter ihrer „normalen" Kleidung aufwartet. Sie legt viel Wert auf Körperpflege, enthaart sich regelmäßig und lackiert sich gerne auch die Fußnägel. Ihr makelloses Aussehen unterstreicht sie manchmal sogar durch eine Intimrasur, die Männer an ihr schätzen. Hat sie ihre Hemmungen abgelegt, hat sie sich in ein Geschenk verwandelt, das zuerst bewundert und anschließend stundenlang entblättert werden will.

Der Krebs-Mann

Krebs-Männer verfügen über eines der besten Gedächtnisse. Das macht sie zu geschätzten Mitarbeitern und gefürchteten Diskussionspartnern. Es gibt Ereignisse, die ein Krebs nie vergessen kann. Sind es Kränkungen oder sogar eine schlechte Erfahrung, die zum Bruch einer Beziehung geführt hat, kann er sehr misstrauisch werden, wenn er sich neu binden soll. Er wird tausend mal abwägen und zögern in eine gemeinsame Wohnung zu ziehen. Hat er jedoch in der Vergangenheit keine schlechten Erfahrungen gemacht, ist er ein Mann, der sich schnell auf einen neuen Partner einstellen kann.

Der Krebs-Mann ist ein Familienmensch und er ist der erste, der einen Bausparvertrag abschließt, um möglichst schnell in den eigenen vier Wänden zu wohnen. Es gibt nichts Schöneres für ihn, als morgens die meist kinderreiche Familie um den Frühstückstisch versammelt zu sehen. Er ist stolz auf jedes seiner Kinder und beschützt sie, wo er nur kann. Wenn sie älter werden und das Haus verlassen, bereitet ihm das oft mehr Probleme als man ihm ansieht.

Er sucht sich eine Frau, die einen bodenständigen Charakter wie er selbst hat. Mit Frauen, die ihr Leben nur leichtlebig auf Partys verbringen oder ihrer Karriere viel Platz einräumen, kann er wenig anfangen. Sie sind für ihn nicht das Idealbild einer treusorgenden Mutter, die er sich für seine Kinder wünscht. Hat er eine Partnerin gefunden, ist er nicht selten besitzergreifend. Die Auserwählte sollte sich also nicht wundern, wenn er hohe Ansprüche an sie stellt. Manchmal kann das zum Problem werden, wenn er ihre Wünsche ignoriert und Dinge von ihr verlangt, für die sie ihr Leben radikal ändern müsste. Dazu gehört in erster Linie die Frage, ob sie nach der Kindererziehung ihre Arbeit wieder aufnehmen sollte. Diese Veränderung einer bis jetzt stimmigen Familiensituation, in der sich seine Frau emanzipiert und auch

ihren eigenen Weg geht, kann ihm einige Probleme bereiten. Denn im Innersten seines Herzens will er der Ernährer der Familie sein und auch bleiben. Dabei hegt er keine wirklich patriarchischen Gefühle – er fühlt sich eher so, als würde er dadurch seiner wirklichen Bestimmung beraubt. Bringt seine Partnerin hier das notwendige Verständnis auf, lässt sich dieses Problem aber meist zur Zufriedenheit aller Beteiligten lösen.

Man kann sich gut vorstellen, dass der Krebsmann nicht der Typ für One-Night-Stands ist. Meist hat er eine zu umfangreiche Vorstellung davon, was er alles mit seiner zukünftigen Partnerin realisieren will. Ein großartiger Flirter wird er aus diesem Grund kaum werden.

Der Krebs-Mann ist ein treuer Freund auf den man sich verlassen kann. Freundschaften aus der Kindheit pflegt er bis ins hohe Alter und meldet sich immer mal wieder bei Freunden, die seinen Anruf nicht mehr erwartet hätten. Trifft er zufällig einen alten Freund, kann er die Zeit vergessen und schwelgt in alten Erinnerungen, die ihm große Freude bereiten. Nicht selten haben auch seine Gesprächsthemen im Alter eher seine Erlebnisse in der Vergangenheit zum Thema. Er ist ein guter und geschätzter Erzähler. Denn kaum etwas, was er sagt, wirkt langweilig oder wie eine Wiederholung. Seinen Geist trainiert und bildet er bis ins hohe Alter. Er liest meist gerne oder sieht anspruchvolle Sendungen. Auch für politische Themen interessiert er sich und diskutiert gerne mit Freunden darüber. Selbst wird er hingegen kaum politisch aktiv. Er hält sich nicht für einen Selbstdarsteller. Seine Stimmung ist wechselhaft wie das Wetter. Deshalb verlangt er seiner Partnerin ein gutes Stück Toleranz ab. Nicht jeder kann mit seinem wankenden Gemüt gut umgehen. Ist er in einer Führungsposition, sind es meist seine Mitarbeiterinnen, die schon früh morgens an seinem Gesichtsausdruck die Stimmung erkennen. Wird seine Gemütsverfassung zu destruktiv, sollte man ihn nicht allzu ernst nehmen. Im Grunde kennt er seine

Schwächen selbst sehr gut und kann sich auch einmal in ein Gefühl hineinsteigern.

Kommt es zu einem Streit mit einem Mitmenschen, ist der Krebs-Mann kein direkter und offener Gegner. Er kann sich in einer Konfrontation in sein Schneckenhaus zurückziehen und die Argumente der Gegenseite ins Leere laufen lassen. Das macht ihn nicht immer gut durchschaubar und manchmal auch unberechenbar. Nicht selten rollt er schon vergessene Streitereien in späterer Zeit noch einmal auf und arbeitet sich an diesen Konflikten ab.

Sein Lebensstil ist eher von Sparsamkeit geprägt. Doch eigentlich denkt er darüber wenig nach. Geld bedeutet ihm natürlich schon etwas – allerdings räumt er seinen Finanzen keinen zu hohen Stellenwert ein. Der Krebs ist ein Realist. Er rennt keinen unerfüllbaren Träumen hinterher und lässt sich dafür auch schwer von anderen aus diesem Grund vor den Karren spannen.

Er durchschaut schnell niedere Beweggründe anderer und distanziert sich von ihnen. Sein Rechtsempfinden ist ausgeprägt. Findet er ein Portemonnaie auf der Straße, wird er es seinem Besitzer persönlich übergeben. Ihm kommt selten in den Sinn, sich auf Kosten anderer zu bereichern oder sie für seine Zwecke auszunutzen. Sollte es doch einmal vorkommen, wird ihm das schnell bewusst und er ändert seine Handlungsweise – denn er möchte eigentlich immer ein guter Mensch sein.

Erotische Vorlieben des Krebs-Mannes

Der Krebs-Mann ist ein Liebhaber, den sich viele Frauen wünschen. Er kann sich stundenlang mit jeder noch so kleinen Stelle ihres Körpers beschäftigen, ohne immer nur an sich und seinen eigenen Höhepunkt zu denken. Er genießt Zärtlichkeit, die ihm entgegengebracht wird, zwar selbst, jedoch macht es ihm fast mehr Freude, seine Partnerin mit allen Mitteln der Kunst zu verwöhnen. Er setzt dafür gerne Massageöle und Gels ein, die einen wärmenden und wohltuend entspannenden Effekt haben. Nicht selten hat er ein gutes Gespür für Muskelverspannungen und kann sich selbst zu einem regelrechten Profi auf diesem Gebiet entwickeln. Denn er bezieht die Psyche seiner Partnerin immer mit ein und ist ein guter Zuhörer.

Oralverkehr liegt ihm, wobei er seine Zunge geschickt und schmeichlerisch sanft einsetzt. Er verwöhnt seine Partnerin gerne auf diese Art und genießt es von ihr auf diese Weise verwöhnt zu werden.

In seiner Jugend probiert er viele Dinge aus und kann deshalb im Mannesalter aus einem reichen Fundus an Erfahrungen schöpfen. Ist seine Eroberung noch unerfahren, kann er alle Register ziehen, ihr den Sex zur schönsten Sache der Welt zu machen. Selbst Partnerinnen, die bereits Erfahrungen gesammelt haben, werden unter seinen Händen ab und zu multiple Orgasmen erleben. Erlebnisse, die sie so schnell nicht wieder vergessen werden und nach denen sie sich immer wieder sehnen.

Will man einen Krebs-Mann verführen, inszeniert man am besten einen Striptease. Visuelle Eindrücke reizen ihn mehr als alles andere. Aber Achtung: Ist er zu erregt, kommt er manchmal zu früh und seine Partnerin kommt an diesem Tag dann nicht mehr auf ihre Kosten. Dafür wird er sie bei nächster Gelegenheit wohltuend entschädigen.

Was Krebs und Partner verbindet

Ob es in einer Beziehung Harmonie oder Streit gibt, ist nicht immer nur Sache der Charaktere. Man spricht nicht umsonst vom guten Stern, der über einigen Beziehung steht. Eine Liebe, die ein Leben lang anhält, ist der Wunschtraum vieler Menschen in einer heute sehr schnelllebig gewordenen Zeit. Fast alle sehnen sich danach, im Partner die Person gefunden zu haben, mit der alle Schwierigkeiten im Leben zu meistern sind. Zudem darf eine harmonische Beziehung nie soweit abkühlen, dass sich die Partner auseinander leben. Hier kann ein Blick in das Partnerhoroskop helfen. Eventuelle Spannungen können so früh neutralisiert werden. Denn nur wenn Probleme früh erkannt werden, lassen sie sich schnell und unkompliziert lösen.

Zu einer vollkommenen Liebe gehört eine erfüllte Sexualität. Hält geistige und körperliche Verbundenheit sich die Waage, wird eine Beziehung in der Regel immer unter einem guten Stern stehen. Aber welche Vorlieben hat der Partner im Bett? Das ist eine viel zu selten gestellte Frage, die für einige Paare in der Trennung endet. Das muss nicht so sein.

Je mehr Sie sich mit den Vorlieben Ihrer Partnerin oder ihres Partners beschäftigen, desto erfüllender können die intimen Stunden für Sie beide werden.

Nachfolgende Partnerkonstellationen führen verborgene Wünsche und Abneigungen offen auf, die Ursache für Unlust im Bett sein können. Unterhalten Sie sich darüber mit ihrem Partner. Oftmals wird erst so ein lange gehegter Traum Wirklichkeit. Natürlich ist beim Sex alles erlaubt, was gefällt. Auch wenn Ihre Neigungen nicht genau den hier beschriebenen Praktiken entsprechen, finden Sie viele Anregungen, die das Sexualleben beleben können.

Widder als Partner des Krebses

Im Sternzeichen des Krebses geborene Menschen sind in der Regel gutmütig und sanft. Sie sind Familienmenschen, die friedliche Harmonie bevorzugen und gemütlicher Natur sind. Sollten sie jedoch immer wieder über alle Maßen gereizt werden, können Krebse in ungewohnt heftiger Weise reagieren. Da Widder oft impulsiv, mitunter auch, ohne es überhaupt zu merken, ihre Meinung kundtun und mit Kritik ebensowenig zurückhaltend sind, kann es zu Spannungen in der Beziehungen kommen.

Hat ein Widder in einem Krebs seinen idealen Partner gefunden, sollte er immer daran denken, welche Konsequenzen seine Äußerungen und sein Handeln haben. Nur durch Rücksichtnahme und gegenseitiges Verständnis kann eine Beziehung zwischen diesen Tierkreiszeichen auf Dauer bestehen. Der Krebs sollte seinerseits dem Widder genug Freiraum geben, seine Abenteuerlust auszuleben. Damit sind jedoch keine Liebesabenteuer mit Dritten gemeint! Ein solcher Vertrauensverlust führt beim Krebs schnell dazu, sich vom Widder abzuwenden und sein Glück woanders zu suchen.

Haben beide Partner eine gemeinsame Familie, wird der Widder im Krebs einen mütterlichen Beschützer seiner Kinder finden. Kommt es zu Konflikten, versteht es kaum ein anderes Tierkreiszeichen besser als der Krebs, schlechte Launen ins Gegenteil zu kehren und Missverständnisse auszuräumen. Krebse haben die Gabe, Launen und unausgesprochene Probleme zu erspüren und durch geschickte nachsichtige Worte elegant aus dem Weg zu beseitigen.

Das Liebesspiel des Krebs-Widder Paares

Ausgiebiges Flirten und Abenteuerlust sind nicht unbedingt die Stärken des Krebses. Nicht selten ist er eher ein schüchterner Charakter und wird einem übereifrigen Widder eher mit Ablehnung begegnen. Da Krebsen die Familie wichtiger als alles andere ist, wird er sich selten auf kurze Abenteuer mit einem Widder einlassen. Sie verkörpern für ihn durch ihre impulsive und stark ausgeprägte dominante Art nicht unbedingt den idealen Sexualpartner. Das kann sich jedoch ändern, wenn der Krebs merkt, dass der Widder es mit einer gemeinsamen Zukunft wirklich ernst meint.

Oft öffnet sich der Krebs dann erst in all seiner Hingabe und genießt die stürmische Kraft des Widders. Ist der Krebs einmal gewonnen und wird vom Widder nicht enttäuscht, entflammt in ihm hingebungsvolle Zärtlichkeit, an die sich der Widder in seiner eher stürmischen Art erst gewöhnen muss.

Ist der Widder an ein längeres Vorspiel gewöhnt, findet das Paar hier die Erfüllung. Streichelnde Zärtlichkeiten und Küsse auf den ganzen Körper liegen genau auf der Wellenlänge des Krebses, der sich gerne auch mit der Zunge verwöhnen lässt. Hat sich das Paar eingespielt, wird es sehr innige und ekstatische Momente erleben, obwohl selten beide gleichzeitig zum Orgasmus kommen. Das anzustreben, sollte das Ziel eines solchen Paares sein.

Stier als Partner des Krebses

Diese Beziehung steht von vornherein unter einem guten Stern. Der Krebs, der von Natur aus ein wenig launisch ist, wird vom Stier so akzeptiert, wie er ist. Steht der Krebs morgens mit dem falschen Bein auf, kann der Stier ihm schon auf den ersten Blick den Wind aus den Segeln nehmen. Meist legt sich ein Streit schon bevor er richtig begonnen hat. Davon profitieren beide Sternzeichen, die sich sonst gegenseitig verletzen könnten.

Es fällt schwer, bei diesem Paar überhaupt das Haar in der Suppe zu finden. Eine Eigenschaft beider wäre vielleicht zu erwähnen: Sie ziehen sich beide gerne zurück. Nicht nur jeder für sich, sondern auch als Paar. Nicht selten werden Freunde ein solches Paar kaum noch spontan treffen, wenn es richtig ineinander verliebt ist. Die beiden genügen sich selbst und brauchen niemanden mehr für ihr Glück.

Allerdings birgt das die Gefahr, alles um sich herum zu vergessen. Deshalb kann man der Stier-Krebs-Konstellation vor allem Unternehmungslust und Freude an der Kommunikation mit anderen Menschen wünschen. Durch ihre auch nach außen sichtbare Harmonie wecken sie manchmal den Neid anderer Personen und sollten sich vor falschen Freunden und deren Intrigen in Acht nehmen. Diese aufgestellten Fallen haben schon so manches Paar auf ihrem sonst glücklichen Weg straucheln lassen.

Das Liebesspiel des Krebs-Stier Paares

Beide Partner des Stier-Krebs-Bündnisses haben einen ausgeprägten Schwerpunkt in ihrem Gefühlsleben. Für sie gehört Sexualität und Liebe immer zusammen. Fehlt eines von beiden Elementen und die Beziehung gerät so aus dem Gleichgewicht, werden beide gleichermaßen Unlust verspüren. Verhält sich ein Partner dauerhaft passiv, der andere aktiv, kann das ebenso Unstimmigkeiten auslösen. Die Erfolgsformel lautet hier, dass Gefühle nur auf Gegenseitigkeit beruhen. Wer gerne verwöhnt, will auch einmal verwöhnt werden. Eine Einbahnstraße der Gefühle und der Zuwendung von Zärtlichkeiten kann sehr schmerzhaft für den Partner sein, der immer mehr investieren muss als sein Gegenüber.

Bei den Liebestechniken bevorzugen beide Partner eher traditionelle bodenständige Formen. Experimenten sind sie nur bedingt zugänglich. Sie finden großen Gefallen am Vorspiel und können diese Zeit nicht genug auskosten. Sie beschäftigen sich mit großer Hingabe mit der Haut des Anderen. Der Körper ist eine große Landschaft, die immer wieder neu entdeckt wird. Sie wird gestreichelt, liebkost und auch sehr gerne gebadet. Angenehmes Licht, gute Musik, schöne Gerüche und kulinarische Erlebnisse werden gerne zur Untermalung der Liebesstunden genutzt. Gegenseitige Massagen mit ätherischen Ölen führen bei beiden zu unvergesslichen Momenten.

Zwillinge als Partner des Krebses

Krebse mögen nicht, wenn mit ihren Gefühlen gespielt wird. Der Zwilling läuft allerdings Gefahr, die Liebe eher von der spielerischen Seite zu sehen.

Der Krebs-Geborene wird sich in einer solchen Konstellation also immer wieder zwei Fragen stellen müssen: „Spielt er gerade mit mir?" und „Warum sagt er immer, was er denkt?" – denn Zwillinge können zudem auch noch schonungslos offen sein. Dazu zählt Kritik und die eigene Meinung, die vehement auch gehen die Mehrheit vertreten wird. Nicht selten kommt es so zu öffentlichen Auseinandersetzungen mit dem Partner, der von ihm lieber etwas mehr Takt- und Feingefühl erwartet hätte.

Diese Umsicht liegt dem Zwilling nicht. Er sagt in der Regel immer, was er gerade denkt. Fühlt sich deshalb jemand gekränkt, bemerkt er das wahrscheinlich gar nicht.

Ist in der Beziehung der Krebs die weibliche Hälfte, wird er sich mit Hingabe um die Familie kümmern. Der Zwilling wird unermüdlich von einer reizvollen Aufgabe zur nächsten hasten. Ruhe kommt selten auf. Dazu sind die Partner dieser Konstellation auch zu verschieden.

Das hat jedoch einen entscheidenden Vorteil: Beide haben sich immer etwas zu erzählen und genießen die Gespräche am Abend.

Das Liebesspiel des Krebs-Zwillinge Paares

Zwillinge probieren gerne neue Spielarten aus. Dem Krebs kann das manchmal zu weit gehen. Lässt er sich allerdings auf die fremden Abenteuer ein, wird er eine Bereicherung seines Sexuallebens feststellen.

Der aktive Zwilling ist in der Lage, den manchmal etwas verhaltenen Krebs aus der Reserve zu locken. Der Krebs liebt kuschelige Abende, bei denen in erster Linie nicht immer der Sex im Vordergrund steht. Es fällt ihm leichter als dem Zwilling, einmal nicht daran zu denken.

Ist dem Zwilling aber die sexuelle Seite der Beziehung zu monoton, kann er sich auch abwenden und Abwechslung bei anderen Partnern suchen. Hier ist also Vorsicht geboten!

Der treue Krebs wird dieser Versuchung in der Regel besser widerstehen können. Schlägt er doch einmal über die Strenge, wird der tolerante Zwilling ihm meist eine zweite Chance geben. In dieser Konstellation mögen beide meist keine ausgefallenen Spielarten der Liebe. Es stehen klassische Praktiken im Vordergrund, die auch mit Erfolg durch Sexspielzeuge aufgepeppt werden können. Nicht selten verlaufen die sexuellen Beziehungen dieser Konstellation im Alter erfolgreicher und befriedigender für beide Partner denn in der Jugend wird immer wieder zu viel auf die Goldwaage gelegt.

Krebs als Partner des Krebses

Das einander sehr ähnliche Paar versteht sich auf Anhieb oder es will sich nie aneinander binden. Hier treffen zwei sensible Menschen auf einander, die alles von ihrem Gefühl abhängig machen. Entscheidungen werden oft tagelang mit Bauchschmerzen herumgetragen bis der Entschluss gereift ist. Vorschnell wird so gut wie nie entschieden. Das zeigt sich auch bei der Partnerwahl. Oft ist dieses Paar sehr lange zusammen, bevor es den Schritt in eine Ehe wagt. Allerdings wird diese dann auch selten geschieden, da beide mit ihrem Gefühl richtig liegen. Die Partner der Krebs-Krebs-Verbindung haben meist den Eindruck, dass sie sich schon lange kennen, wenn sie sich das erste Mal mit einander unterhalten. Dies setzt sich dann in der Beziehung fort. Es gibt selten Momente, in denen ein Partner die Stimmung des anderen nicht richtig einschätzen kann.

Besteht aber schon am Anfang der Beziehung ein unsicheres Gefühl bei einem Partner, wird dies immer wieder im Laufe der Partnerschaft aufflammen und sich in Konflikten äußern. Gehen diese Partner Kompromisse ein, ist trotzdem eine lange und glückliche Beziehung möglich. Allerdings sollten sie ihre eigenen Wünsche nicht komplett hinten anstellen. Auf Dauer kann eine solche Liebe nicht funktionieren.

Das Liebesspiel des Krebs-Krebs Paares

Das sinnliche Paar, das sich auch im Bett friedfertig zeigt, lebt in ausgeglichener Harmonie. Sie mögen in der Regel keine Extravaganzen und zu ausgefallene Spiele im Bett. Dominanz- und Unterwerfungsspiele sind nicht so ihr Ding. Denn sie begegnen sich meist auf Augenhöhe. Was gefällt, funktioniert und umgekehrt. Für beide spielt die Familie eine große Rolle und es kann schon einmal vorkommen, dass dabei der gemeinsame Akt in den Hintergrund gerät. Die Partner haben aber nach dieser anstrengenden Zeit keine Probleme wieder zu einander zu finden, da sie sich und die Wünsche des Partners in und auswendig kennen. Da beide zärtliche Wesen sind, lieben sie es, sich gegenseitig zu liebkosen. Streicheln, Kuscheln und Massieren sind die Lieblingsbeschäftigungen der Krebse. Sie finden im gleichen Tierkreiszeichen einen Partner, der Zärtlichkeiten genauso liebt wie sie selbst. Sexuell gesehen, eine Beziehung, die zwar nicht irrsinnig aufregend ist – dafür aber um so liebevoller.

Löwe als Partner des Krebses

Der Löwe findet im Krebs einen Bewunderer der besonderen Art. Denn als Krebs versteht der Partner die Gefühle des Löwen. Im Gegenzug erhält er eine sichere Schulter zum Anlehnen. Natürlich muss hier nicht immer der Mann der Löwe sein. Auch weibliche Partner sind unterbewusst manchmal die stärkeren Individuen – auch wenn sie nicht immer damit prahlen. So findet der Krebs einen sicheren Hafen.

Als sensibler Mensch kann er zu großen Turbulenzen und Risiken des Lebens weniger abgewinnen. Hat der Löwe im Krebs einen Partner gefunden, der ihm Anerkennung für seine Leistungen entgegenbringt, wird die Beziehung in vielen Fällen positiv verlaufen. Nicht selten ergibt sich eine Symbiose aus einem Unterstützenden Teil und einem kämpferischen Teil. In der heute schnelllebig gewordenen Zeit bedeutet das, dass beide am gleichen Strang ziehen und Hindernisse gekonnt umschiffen. Krebse kommen in einer Löwe-Beziehung nicht zu kurz. Löwen haben genug Selbstbewusstsein, dem Partner Freiraum zu geben und Eifersucht gehört nur selten zu ihrem Repertoire. Dazu gibt ihnen der Krebs auch selten Anlass.

Das Liebesspiel des Krebs-Löwe Paares

Kann der Löwe Stellung und Schnelligkeit bestimmen, wird er Sex meist als wundervollen Teil der Beziehung genießen. Krebse, die darauf eingehen, kommen fast immer auf ihre Kosten. Denn Löwen geizen nicht damit, jede Liebkosung, die ihnen entgegengebracht wird, auch zu erwidern. Darin erweisen sie sich als zärtliche ausdauernde Liebhaber, die einem anderen Sternzeichen in nichts nachstehen. Obwohl Kuschelabende und endlose Vorspiele nicht dem Naturell des Löwen entsprechen, versteht er es in der Regel sich zurückzunehmen und dem Krebs seine Wonnen zu gönnen. Liegen beide mit einem Glas Rotwein in der Badewanne, entspinnt sich meist ein zärtliches Spiel, das erotischer kaum sein könnte. Krebse können nämlich wundervoll mit dem Mund verwöhnen. Und Löwen begnügen sich nicht damit, einfach nur zuzusehen.

Krebse haben oft eine Vorliebe für gute Küche und perfektionieren ihre Kochkünste im Laufe des Lebens bis zur Meisterschaft. Ein erotisches Dinner oder ein Dinner mit verbundenen Augen können dieses Paar aus der Fassung bringen. Da beide gerne genießen, geht hier die Liebe immer durch den Magen.

Jungfrau als Partner des Krebses

Das Krebs-Jungfrau-Paar wird viele neidische Blicke auf sich ziehen. Dass sie auch in hohem Alter noch verliebt wie Teenager sind, zeigt sich auf den ersten Blick. Der Familienfreund Krebs findet im Sternzeichen der Jungfrau das passendes Puzzlestück, das er schon immer gesucht hat.

Humor haben beide Partner. Er wird dazu genutzt, Spannungen sofort abzubauen und keine schwerwiegenden Zerrüttungen aufkommen zu lassen. Die Partnerschaft ist von Anfang an aufgehellt, da beide wissen, was sie im Gegenüber gefunden haben. Dass so etwas selten ist, muss man ihnen nicht erzählen. Sie haben beide meist schon bittere Erfahrungen gemacht. Treue und Vertrauen sehen sie deshalb als Selbstverständnis.

Ein solches Paar geht durch Dick und Dünn und wird auch keinen Ehevertrag aufstellen. Das wäre ein Zeichen schlechten Stils und käme einem Misstrauensvotum gleich. Beide planen voraus und wünschen sich Kinder. Diese wachsen in einem Umfeld auf, das kaum schöner sein könnte. Spannungen können hier mit gesteigerter Aufmerksamkeit und Kommunikation gelöst werden. Sie sind dann so schnell verschwunden, wie sie gekommen sind. Dieses glückliche Paar sollte sich allerdings vor zu viel Bequemlichkeit hüten!

Das Liebesspiel des Krebs-Jungfrau Paares

Krebs und Jungfrau begegnen sich zu Anfang meist zurückhaltend. Zum ersten Kuss kommt es nicht sofort. Beide müssen erst genau die Gefühlswelt des Auserwählten studieren, bevor sie aus der Reserve kommen. Nicht selten sind es anfänglich gute Freunde, leider allzu oft zu lange. Hier schleichen sich Ängste vor einer Liebe ein, die eigentlich unbegründet sind. Denn was ist schöner als den besten Freund auch zum Partner zu haben?

Sexuell finden sie zögerlich zusammen. Petting steht am Anfang im Vordergrund und scheint auch einige Zeit befriedigend zu sein. Traut sich dann aber ein Partner nach vorne, erwidert der andere sofort seine Gefühle. Diese Zuversicht muss länger eingeübt werden. Verstehen sie sich dann blind, lieben sie einander zärtlich und zurückhaltend.

Sex an Orten, an denen sie überrascht werden könnten, mögen sie überhaupt nicht. Auch zeigen sie sich selten schmusend in der Öffentlichkeit. Dieses Verhalten wird meist nur in gewohnter Umgebung und in den eigenen vier Wänden an den Tag gelegt. Nicht selten lieben sie sich in der geschützten Dunkelheit der Nacht. Da sie beide starke sinnliche Wahrnehmungen haben, ergeben sich hier wundervolle heiße Spiele

Waage als Partner des Krebses

Beide Sternzeichen zeigen sich in dieser Kombination nicht von ihrer besten Seite. Der Krebs packt hier seine Scheren aus und zwickt die Waage, welche dieses Verhalten mit kämpferischen Launen erwidert. Nicht selten entscheiden die Partner früh, ob sie auf Dauer mit einander auskommen werden. So ist eine unglückliche Ehe eher die Ausnahme.

Waage und Krebs sollten sich von vornherein vor zu großen Erwartungen an ihren Partner hüten. Sonst schwelt hier bald ein Flächenbrand, der nur noch durch die Trennung gelöscht werden kann.

Übt das Krebs-Waage-Paar hingegen Toleranz und gibt sich gegenseitig genügend Freiraum, können sich die Individuen besser entwickeln. Sie atmen auf und bestreiten ihr Leben selbstbewusst und glücklich. Die Basis einer solchen Beziehung sollte immer das gegenseitige Verständnis für einander sein. Nur dadurch wird das Fundament einer soliden Beziehung gelegt.

Waage-Krebs-Paare durchlaufen gewöhnlich mehr Höhen und Tiefen als andere Konstellationen. Dafür ist ihnen jedoch nie langweilig. Sie können auch noch nach Jahrzehnten die Vorzüge ihres Partners aufzählen.

Das Liebesspiel des Krebs-Waage Paares

Ein Kampf, den im Bett keiner von beiden Partnern gewinnen kann. Denn hier ist Harmonie gefragter als die Kämpfernatur. Wie in der Beziehung, muss Einfühlungsvermögen auch hier an erster Stelle stehen, um beiden einen befriedigenden Ausgang der Situation zu ermöglichen. Lebt ein Partner seinen Egoismus schonungslos aus, während der andere nur selten auf seine Kosten kommt, darf er sich nicht wundern, wenn der andere das Weite sucht – mit Recht.

Fehlt es nicht an gegenseitigem Verständnis, werden hier auch härtere Praktiken ausprobiert und in das gemeinsame Liebesspiel eingebunden. Beide Partner spielen ab und zu gerne den dominanten Part und zwingen den Partner in devote Positionen. Das gegenseitige Vertrauen vorausgesetzt, liebt dann auch der devote Teil seine momentane Situation. Gekonnt, empfängt er nun, was er ein anderes mal auf seine Weise heimzahlen wird. Selten begibt sich einer von beiden dauerhaft in die Rolle des Unterwürfigen. Der Wechsel ist Teil des Spiels und wird gerne ausgelebt, solange der dominante Teil seine Verantwortung nicht missbraucht.

Auch jenseits der SM-Romantik gibt es für dieses Paar viel zu entdecken. Im Bett wird ihnen selten langweilig. Dazu sind sie viel zu unterschiedlich.

Skorpion als Partner des Krebses

Im Bett und in der Beziehung findet der Krebs hier ein Gegenstück, was ihn dauerhaft fasziniert. Harmonie steht hier nicht immer im Vordergrund. Denn das, was beide antreibt, könnte man als tägliches Lebensexperiment beschreiben. Aufregender Wankelmut paart sich hier mit leidenschaftlicher Zuneigung. Langweilig wird es diesem Paar kaum. Der Partner verkörpert meist genau das, was dem eigenen Charakter fehlt. Gegensätze ziehen sich an.

Krebse geben Skorpionen meist keine Gründe für Eifersucht. So bleibt das Vertrauen erhalten. Skorpione müssen sich keine Sorgen darum machen, dass ihnen der Krebs die Führungsrolle streitig machen will. Krebse erkennen den Arbeitseifer, der in der Natur des Skorpions liegt, an. Sie fügen sich auch den strategischen Entscheidungen ihres Partners. Allzu eigenmächtig und ohne Absprache sollten Skorpione dennoch nicht handeln. Bei Entscheidungen, die das gemeinsame Leben betreffen, hat der Krebs gerne ein Wörtchen mit zu reden. Kann er überhaupt nicht erkennen, dass seine Meinung gefragt ist, reagiert er mit Rückzug und die Beziehung wird so kaum Zukunft haben.

Stehen wichtige Entscheidungen an, sollte das Geld für unabhängige Gutachter oder Berater ausgegeben werden. So wird Streit vermieden. Diese Ausgabe lohnt sich also nicht nur finanziell für beide.

Das Liebesspiel des Krebs-Skorpion Paares

Im Liebesnest wird – wie auch in der Beziehung – die Gestaltung meist dem Skorpion überlassen. Das könnte aber darüber hinwegtäuschen, dass der Krebs subtiler agiert. Mit unmerklichen Signalen bringt er meist erst den Stein ins Rollen.

Der Krebs genießt in der Regel die kraftvolle Herangehensweise des Skorpions, der nichts von theoretischen Liebesweisen hält. In der Praxis muss sich der eigene Körper beweisen. Er genießt Bewunderung, obwohl er nicht immer offensichtlich eitler Natur ist. Krebse, die Anerkennung zollen, werden mit unglaublich intensiver Ausdauer belohnt.

Schüchternheit liegt dem Skorpion meist nicht. Er wird deshalb das Licht anlassen. Bei den Sexualpraktiken tendiert der Skorpion manchmal zu sadistischen Spielchen. Er liebt es, seinen Partner in gefügige Positionen zu zwingen. Liegt dieses Liebesspiel beiden Partnern, steht es unter einem leuchtenden Stern und beide kommen voll und ganz auf ihre Kosten. Allerdings setzt das eine devote Grundhaltung des Krebses voraus.

Sollte diese Eigenschaft des Skorpions nicht sehr ausgeprägt sein, finden beide auf Augenhöhe zusammen. Dann ist auch die Libido ähnlich verteilt und das Sexualleben wird zu einem der schönsten Bereiche ihres Lebens.

Schütze als Partner des Krebses

Eine Beziehung zwischen diesen Partnern gestaltet sich von Anfang an schwierig. Es sind die Ziele, die bei beiden nicht so recht zusammenpassen wollen.

Schützen sind wechselhafte Abenteurer. Sie suchen sich schnell ein neues Ziel, sollte ein Weg zu steinig werden. Sie lassen sich nicht in Muster pressen und genauso wenig werden sie sich in ihrem Denken und Handeln einschränken lassen.

Da Krebse in der Regel Familienmenschen sind, ist es für sie manchmal unverständlich, wenn der Schütze, kaum ist er zu Hause, schon wieder fort will. Dieses Verhaltensmuster baut Spannungen auf, die der Krebs schwer verdauen kann. Krebse planen meist lange in die Zukunft. Was sie heute unternehmen, geschieht in der Regel in einem großen Zusammenhang, den nur sie zu sehen, in der Lage sind. Schützen, deren Handlungsweisen im hier und jetzt weniger zukunftsorientiert sind, werden ihre Schwierigkeiten damit haben. Endlose Diskussionen sind die Folge, die meist in Enttäuschungen enden.

Partnern dieser Konstellation sei geraten, ohne Vorbehalte zu diskutieren und sich intensiv in ihr Gegenüber hinein zu versetzen. Nur wenn sie die Gefühle ihres Partners kennen und verstehen, werden sie rücksichtsvoller mit einander umgehen.

Das Liebesspiel des Krebs-Schütze Paares

Da Schützen schnell zum Ziel kommen wollen, spannt sie das Kuschelbedürfnis des Krebses manchmal zu lange auf die Folter. Vielleicht liegt es auch daran, dass es zwischen diesen beiden Sternzeichen länger dauert, bis sich eine feste Beziehung entwickelt, was die Verbindung von Anfang an nicht einfacher macht. Der Schütze findet im Krebs einen anschmiegsamen und liebevollen Partner. Ist die Beziehung sonst gesund, wird der Krebs ihm die Wünsche von den Lippen ablesen. Der Krebs versteht es, die ausschweifende Art des Schützen zu bündeln und von anderen Partnern nur auf sich zu lenken. Dafür legt er sich ins Zeug und beglückt den Schützen auch mit Spielarten, die ihm selbst etwas fremd sind. Meist findet er jedoch Gefallen daran. So gehören Oralsex und Analsex durchaus zum Repertoire dieses Paares. Denn beide finden so gut wie nichts pervers, so lange es beiden Spaß macht. Sollte etwas einem der Partner zu sehr widerstreben, wird er es deutlich sagen und der Spaß geht auf anderen Gebieten ohne Verstimmung weiter.

Steinbock als Partner des Krebses

Haben beide die Liebe auf den ersten Blick gefunden, wird sich hier ein Paar bilden, das durch Dick und Dünn geht.

Der oft unruhigere Steinbock findet im Krebs einen Partner, der für ihn der Fels in der Brandung sein kann. Er mag es, wenn der Krebs die Familie und das eigene Haus als den Hort des gemeinsamen Glücks betrachtet. Nicht selten wird er dann gemeinsam mit ihm eine Einheit bilden, die durch so gut wie nichts mehr gestört werden kann.

Die ab und zu hervortretende Melancholie des Krebses wischt der Steinbock gekonnt beiseite. Mit Optimismus und Tatendrang geht er durchs Leben und schafft so eine gemeinsame Existenz aufzubauen, von der andere nur träumen. Nicht selten wird man dieses Paar auch noch in fortgeschrittenem Alter vor dem Haus sitzen sehen, das sie sich mit der eigenen Hände Arbeit geschaffen haben. Und ihre Gesichter strahlen dabei.

Haben sie Kinder, finden beide ihre Erfüllung darin, Eltern zu sein. Auch die Männer dieser Konstellation tragen gerne viel dazu bei, ihre Frauen bei der Kindererziehung zu unterstützen.

Das Liebesspiel des Krebs-Steinbock Paares

Beide Sternzeichen profitieren von einander. Meist haben sie schon Erfahrungen mit anderen Partnern gemacht und könne deshalb grobe Schnitzer vermeiden.

Der Steinbock kann gut auf die Wünsche des Krebses eingehen. Beide mögen ein längeres Vorspiel und genießen den Körper des anderen. Wenn dieses Paar noch nicht versucht hat, sich mit feinen Ölen zu massieren, sollte es das unbedingt nachholen. Unter den Liebesstellungen ziehen beide die bodenständigeren Varianten vor. Für sie kommt es mehr auf das Gefühl an als auf die besondere Technik.

Nicht selten werden sich hier Paare finden, die sich perfekt in den Körper des Partners hinein versetzen können. Die Möglichkeit, so gut wie immer zum gemeinsamen gleichzeitigen Orgasmus zu kommen, liegt hier auf der Hand. Liegt das Paar danach erschöpft nebeneinander, wird es sich liebevoll ansehen und dabei wissen, dass ihre Beziehung etwas sehr Besonderes und Wertvolles ist. Es bleibt nur, ihnen auf ihrem Lebens- und Liebesweg viel Glück zu wünschen.

Wassermann als Partner des Krebses

Gegensätze ziehen sich an! Nicht selten kommen hier Menschen zusammen, die auf den ersten Blick nicht dachten, dass sie für einander bestimmt sind – denn beide sind in ihren Grundcharakteren recht unterschiedlich.

Für den Krebs, der die Harmonie und das traute Heim liebt, ist der Wassermann die treibende Kraft, immer wieder seine gemütliche Höhle zu verlassen.

Wassermänner sprühen oft vor Energie. Sie lieben leidenschaftlich und aus vollem Herzen. Genau da liegt die Schnittmenge mit den Krebsen, die sich nichts lieber wünschen, als eine intensive Partnerschaft. Hat der Wassermann ein offenes Ohr für die Wünsche und Probleme des Krebses, wird sich hier eine Beziehung bilden, die ewig Bestand haben kann. Krebse sollten dafür allerdings ihren Wassermännern die notwendige Freiheit zugestehen. Zu viele Einschränkungen machen Wassermänner traurig und krank. Spannungen bauen sich auf und können dann nur noch mit Mühe ausgebügelt werden.

Das Liebesspiel des Krebs-Wassermann Paares

Humor im Bett? Auch das ist hier möglich. Der Wassermann kann hier seine Trümpfe ausspielen. Er liebt es, den Krebs aus seiner Reserve zu locken und ihn zu verführen. Krebse werden durch diese Form der Zuwendung offen für alles, was Spaß macht. Sind sie auf den Geschmack gekommen und haben Vertrauen aufgebaut, können auch sie die treibende Kraft in diesem Spiel sein.

Weder Krebs noch Wassermann machen sich sonderliche Gedanken, wenn etwas einmal nicht so wie gewünscht funktionieren sollte. Da das geistige Band nicht vernachlässigt wird, gehen beide lustig und munter aus jeder Situation heraus. Da beide in der Regel tolerant eingestellt sind, probieren sie gerne alle gegenseitigen Vorschläge aus. Was gefällt wird beibehalten und verfeinert. Ein Paar, das auch vor komplizierten asiatischen Liebestechniken nicht zurückschreckt. Sie sehen sich gerne Bilder an und erschaffen sich so ihr eigenes Paradies, von dem sie genau wissen, dass es nur ihnen gehört.

Fische als Partner des Krebses

Eine Beziehung unter Gleichgesinnten. Und ein Märchen wird Wirklichkeit. In kaum einer anderen Konstellation begegnen sich Partner so gefühlvoll und mit gegenseitigem Respekt, wie in dieser. Krebs und Fisch, beide überaus sensible veranlagt, lieben gemeinsame Sonnenuntergänge. Da müssen keine Worte mehr gewechselt werden. Beide wissen, was sie an einander haben und spüren es täglich, wenn sie von ihrem Partner umarmt werden. Ein unsichtbares Band verbindet sie, das keine Kraft lösen kann. Allerdings sollten sie sich davor hüten, nur ihren Träumen hinterher zu laufen. Durch die rosarote Brille sieht diese Welt wunderschön aus. Leider gibt es aber noch die Realität mit all ihren Tücken. Das Paar sollte sich insbesondere davor hüten, Verträge allzu schnell zu unterzeichnen. Und das ist ein gut gemeinter Rat: Investieren sie immer vor großen Anschaffungen, wie z.B. dem Bau oder Kauf eines Hauses, in einen Fachmann, der ihren Traum auf Herz und Nieren prüft. Dieses Geld ist in der Regel nie falsch angelegt und sie werden vor Irrtümern geschützt, die sonst ihren finanziellen Ruin bedeuten könnten.

Das Liebesspiel des Krebs-Fische Paares

Man könnte meinen, dieses Paar lebt von der Liebe alleine. Gegenüber ihrer Beziehung tritt alles andere in den Schatten. Selten gibt es überhaupt etwas, das Vorrang vor dem eigenen Partner haben könnte. Diese Zuneigung spiegelt sich in einem stetigen Knistern zwischen beiden wider. Es vergeht keine Stunde, ohne dass der eine an den anderen denkt. Sind sie zusammen, tauschen sie meist unbekümmert Zärtlichkeiten aus und stoßen hierbei auch auf Kritik. Allerdings lässt sie das unberührt. Denn sie wissen, dass sie gefunden haben, wonach andere noch ewig suchen müssen.

Über das Sexleben der beiden gibt es nur so viel zu berichten: Es funktioniert perfekt und ist für beide befriedigend. Obwohl sie ihre Liebe ewig aufrecht erhalten, sollten sie sich ab und zu Mühe geben, es dem Partner so richtig schön zu machen. Eine spontane Verwöhnung vor dem offenen Kamin, eine unvorhergesehene Einladung ins Wellness-Hotel – und mit minimalem Aufwand tanken beide wieder Energie, ihr weiteres Leben zu meistern.

Der Jahresrhythmus der Sternzeichen

Wie beim bekannten Biorhythmus gibt es auch in der Liebe zeitweise Höhen und Tiefen. In der Partnerschaft kann es deshalb zu Hochgefühlen und Konflikten kommen, die persönlich schwer beeinflusst werden können. Manchmal denken wir, dass wir schon morgens mit dem falschen Fuß aufgestanden sind, an anderen Tagen fühlen wir uns energiegeladen und uns gelingt alles, was wir uns für diesen Tag vorgenommen haben. Wenn es uns gelingt, die innere Uhr abzulesen, die von unserem Sternzeichen beeinflusst wird, haben wir die Möglichkeit, unser Leben positiv zu beeinflussen. Nicht immer ist es vorteilhaft, sich mit aller Kraft einer inneren Stimmung entgegen zu stemmen. Wenn wir die Ursache jedoch kennen, können wir auch mit unseren Schwächen behutsamer umgehen und sie lieben lernen.

Wir sind eine Einheit aus Geist und Körper. Wenn etwas aus dem Gleichgewicht gerät und eine Seite elementar vernachlässigt wird, hat das oft gesundheitliche Probleme zur Folge. Um dieser Gefahr vorzubeugen, genügt es, seine innere Stimme lesen zu lernen um seine Reserven besser abschätzen zu können.

Die folgenden Diagramme helfen dabei, unbewusste Schwächen und Höhen des Sternzeichens im Jahresverlauf zu erkennen – auch wenn sie zum jeweiligen Zeitpunkt vielleicht nicht offensichtlich sind. Ist eine Kurve im Tal, bedeutet das nicht, dass es zur Zeit unmöglich ist, gewisse Dinge trotzdem in Angriff zu nehmen. Im Gegenteil: Es sollte Motivation geben, die zur Zeit vernachlässigten Bereiche in Eigeninitiative zum Positiven zu wenden.

Die Sterne beeinflussen zwar unser Leben, jedoch können wir eigene Richtungen und Impulse setzen, die auch in scheinbar negativen Konstellationen zu Erfolg und Glück führen können.

Libido

Diese Kurve zeigt unsere unbewusste sexuelle Energie an. Zeiten sexueller Aktivität und Kraft wechseln mit scheinbar lustlosen Momenten. In Zeiten der Hochphasen, spüren wir die sexuelle Anziehungskraft des Partners besonders stark. Wir begehren und wünschen uns begehrt zu werden. Schläft die Libido zeitweise ein, ist es an der Zeit, das Feuer neu zu entfachen.

Körper

Der eigene Körper gerät in dieser schnelllebigen Zeit oft in Vergessenheit. Oft spüren wir ihn erst, wenn er Warnsignale aussendet. Manchmal ist es dann schon zu spät, ihm wieder Erholung zu verschaffen. In Zeiten der Kraftlosigkeit empfiehlt sich Sport, Wellness und die Beschäftigung mit dem eigenen Körper.

Geist

Im Berufsleben beanspruchen wir ihn oft so stark, dass wir zu Hause nur noch unsere Ruhe haben wollen. Stress ist Gift für unsere Seele. Er wirkt sich negativ auf unsere Gesundheit aus. Viele Menschen gönnen sich zu wenig Zeit für sich selbst. Meditation und Entspannungstechniken helfen uns dabei, Krisensituationen zu meistern und wieder Energie zu tanken.

Liebe

Liebe bedeutet hier, dem Partner Aufmerksamkeit zu schenken, und ihm zuzuhören. Niemand steht seinem Partner näher als Sie selbst. Es liegt an Ihnen, Situationen zu wundervollen Momenten zu verwandeln. In diesen vertrauensvollen Phasen spüren sie das innere Band, das sie verbindet.

Krebs-Frau

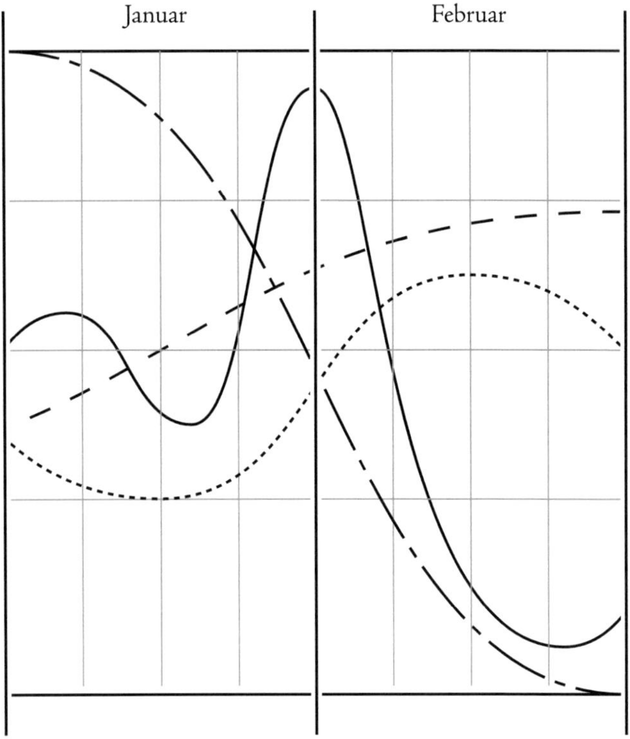

Januar	Februar

_____ Libido

– – – – Körper

—·—·— Geist

············· Liebe

Krebs-Frau

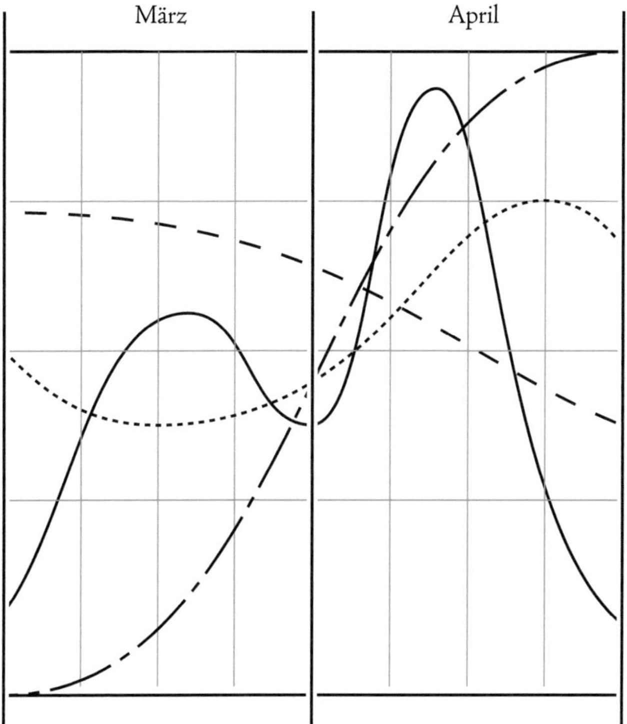

März	April

Libido

- - - - Körper

—·—·· Geist

·············· Liebe

Krebs-Frau

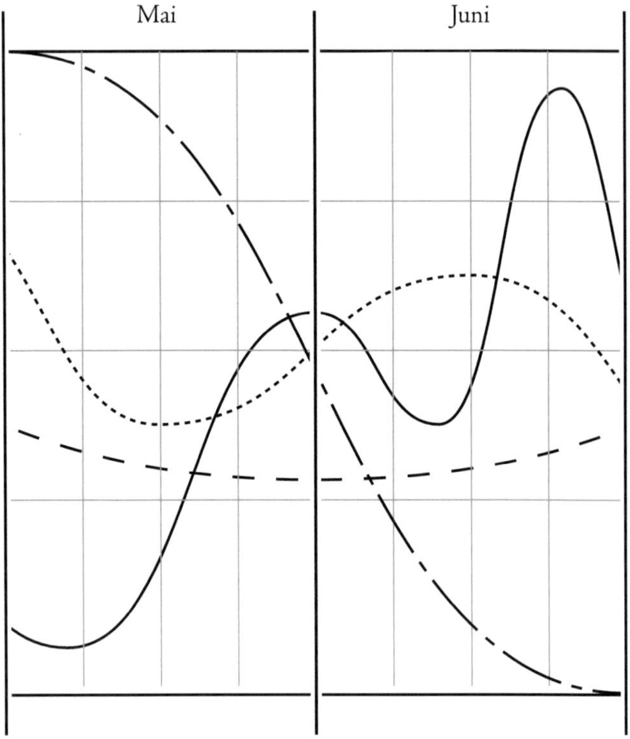

Mai	Juni

——— Libido
- - - - Körper
—·—·- Geist
··········· Liebe

Krebs-Frau

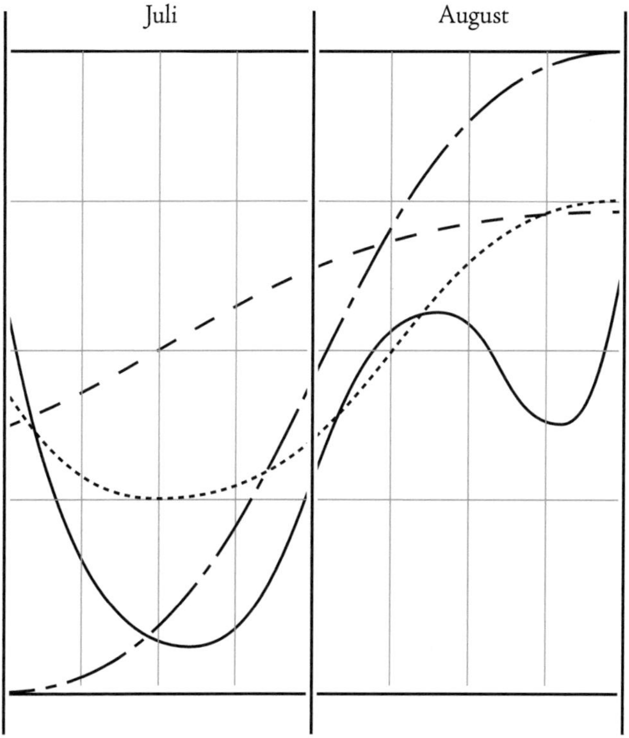

Juli	August

——— Libido
– – – – Körper
—·—·— Geist
············· Liebe

Krebs-Frau

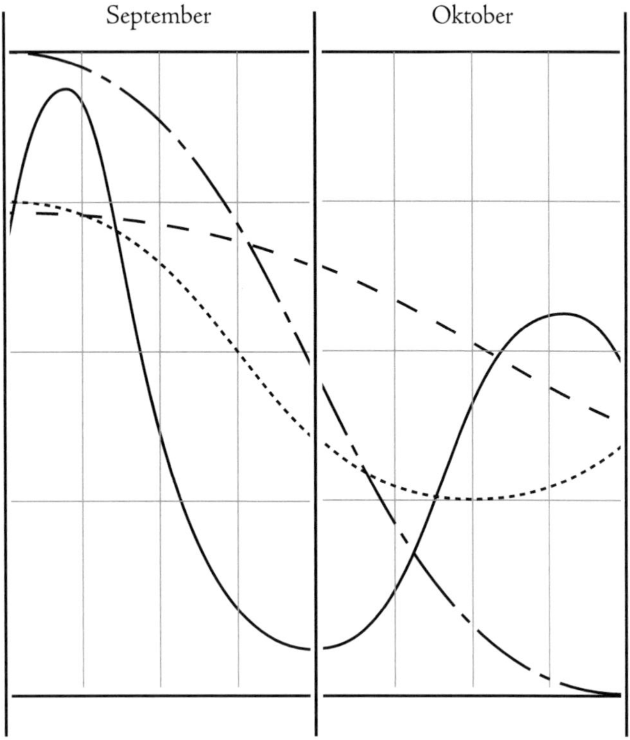

September	Oktober

——— Libido
- - - - Körper
—·—·· Geist
·············· Liebe

Krebs-Frau

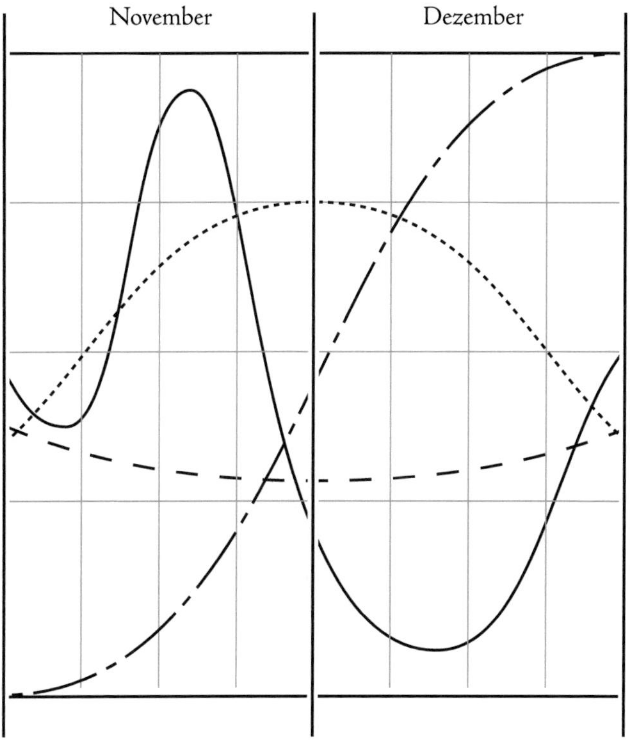

November	Dezember

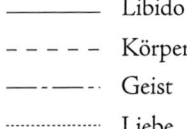

——————— Libido

– – – – – Körper

—·——·· Geist

···················· Liebe

Krebs-Mann

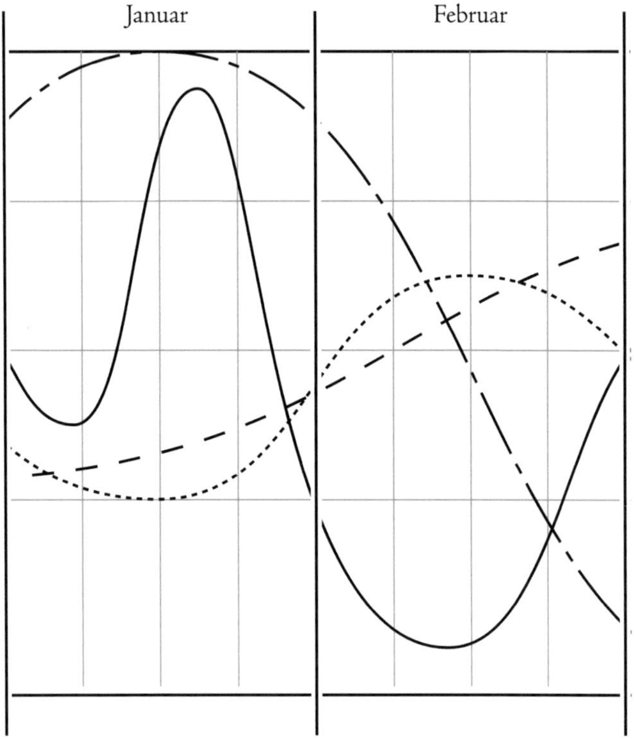

Januar	Februar

_____ Libido

– – – – Körper

—·—·· Geist

·············· Liebe

Krebs-Mann

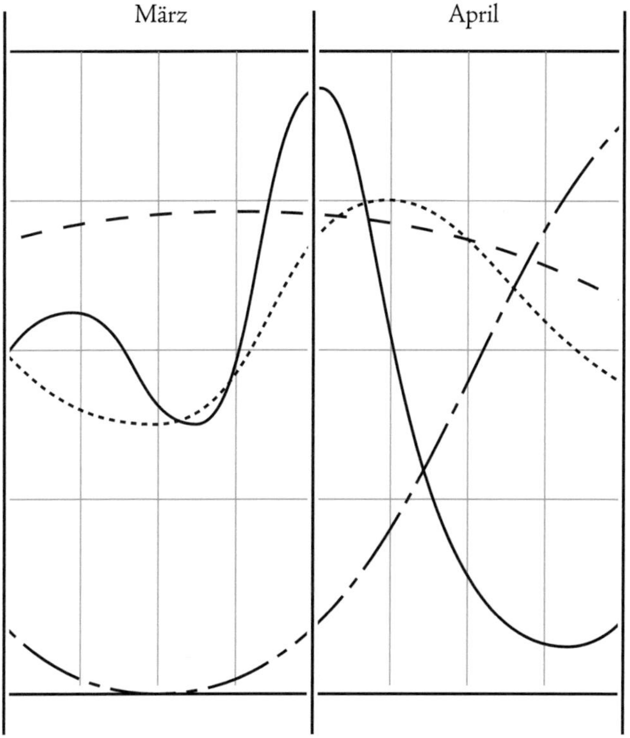

März	April

——————— Libido
– – – – – Körper
—·—·— Geist
··············· Liebe

Krebs-Mann

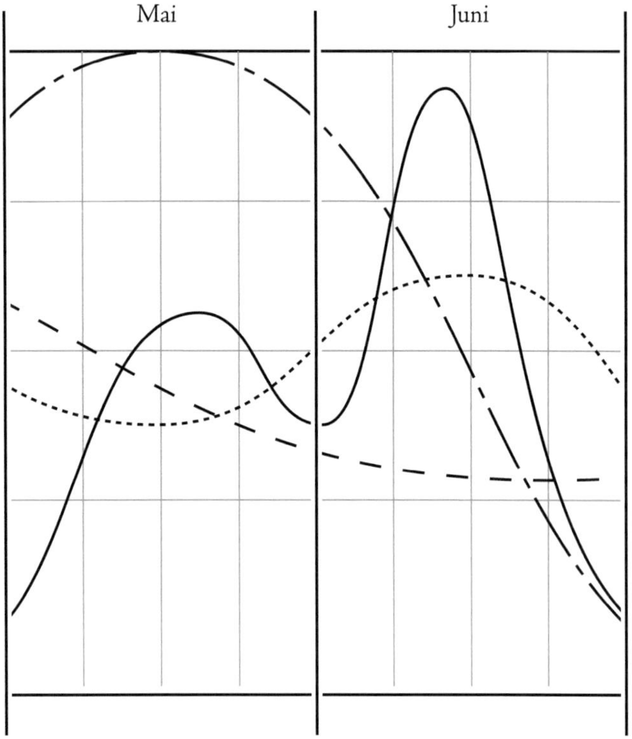

Mai	Juni

_____ Libido
- - - - - Körper
—·—·—·· Geist
··················· Liebe

Krebs-Mann

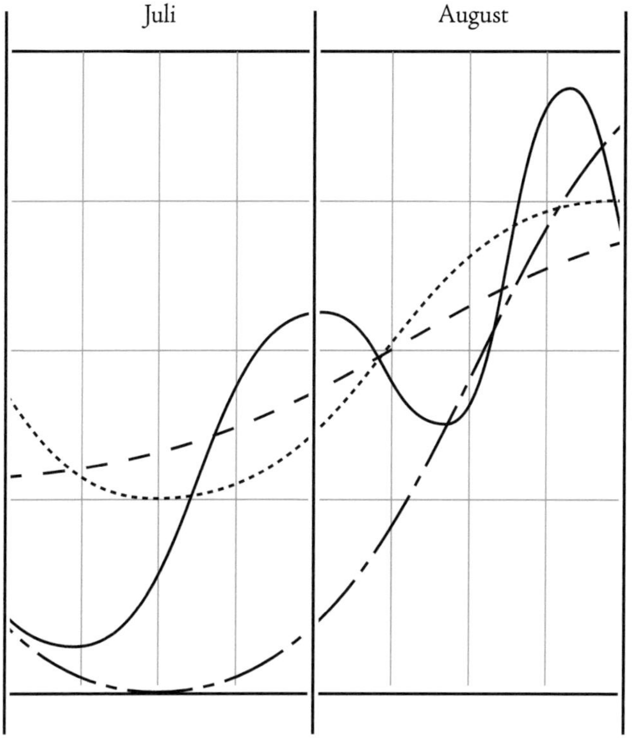

Juli	August

——————— Libido
– – – – Körper
—·—··— Geist
·············· Liebe

Krebs-Mann

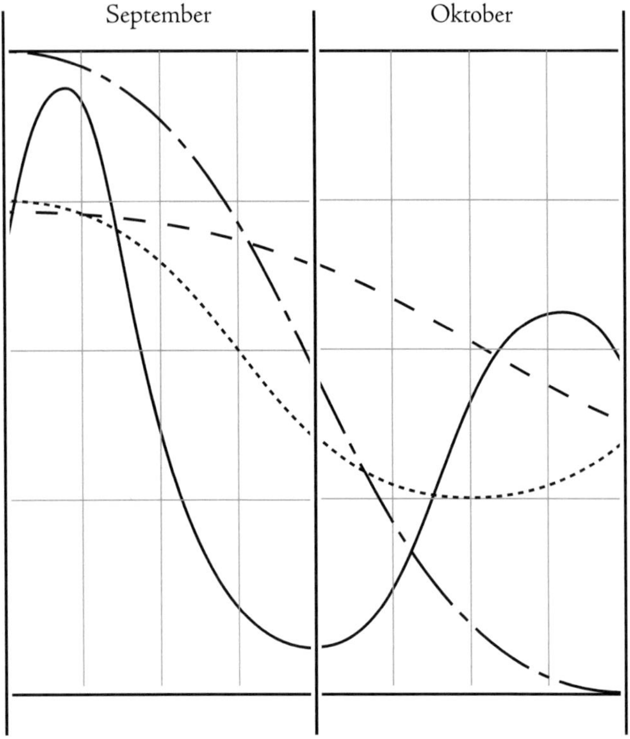

September	Oktober

——————— Libido

– – – – – Körper

—·——·— Geist

···················· Liebe

Krebs-Mann

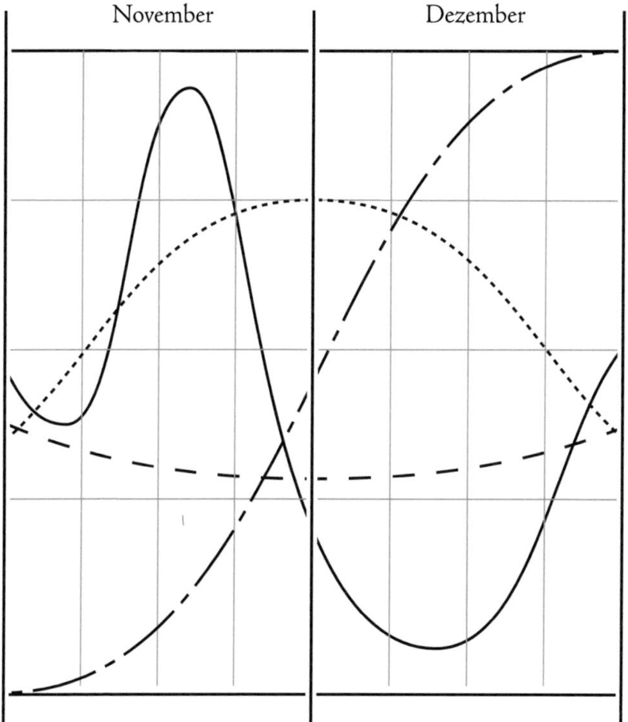

November	Dezember

_____ Libido

- - - - - Körper

—·—·—·· Geist

·············· Liebe

Literatur zu Sternzeichen und Astrologie

Hermann Meyer
Das Grundlagenwerk der psychologischen Astrologie: Erkenne
Deine Licht- und Schattenseiten und die Deiner Mitmenschen

Frances Sakoian, Louis S. Acker
Das grosse Lehrbuch der Astrologie: Wie man Horoskope stellt
und nach neuesten wissenschaftlichen Erkenntnissen Charakter
und Schicksal deutet

Hermann Meyer
Astrologie und Psychologie: Eine neue Synthese

Christopher A. Weidner, Sabine Bends
Intuitive Astrologie: Nutzen Sie Ihr inneres Wissen für tiefe
Einsichten über sich selbst

Frank Felber
Wiederkehrhoroskope: Der Schlüssel zu verborgenen Zyklen

Ingrid Zinnel
Familienkonstellationen im Horoskop: Verstrickungen und
Lösungen aus astrologischer Sicht

Literatur zu Entspannung und Sexualität

Jan Aalstedt
Der multiple Orgasmus des Mannes. So kommen Sie nicht
mehr zu früh und können mehrere Höhepunkte erleben.

Ludwig Reichenbach
Endlich mit Frauen flirten: Wie Sie lernen, Schüchternheit und
Angst vor dem Flirten mit einfachen Übungen erfolgreich selbst
zu überwinden

Ludwig Reichenbach
Endlich mit Männern flirten: Wie Sie lernen, Schüchternheit
und Angst vor dem Flirten mit einfachen Übungen erfolgreich
selbst zu überwinden

Lou Paget
Der perfekte Liebhaber: Sextechniken, die sie verrückt machen

Lou Paget
Die perfekte Liebhaberin: Sextechniken, die sie verrückt machen

Lou Paget
Der Super-Orgasmus: Höhepunkte zum Abheben

Jon Kabat-Zinn
Gesund durch Meditation: Das große Buch der Selbstheilung

David Servan-Schreiber
Die Neue Medizin der Emotionen: Stress, Angst, Depression:
Gesund werden ohne Medikamente